Karin Hermanns / Axel ter Haseborg

Du bist der Ort meiner Hoffnung

Kaufmann Verlag

Bibliografische Information der Deutschen Bibliothek

Die Deutsche Bibliothek verzeichnet diese Publikation in der Deutschen Nationalbibliografie; detaillierte bibliografische Daten sind im Internet über http://dnb.ddb.de abrufbar.

1. Auflage 2012
© 2012 Verlag Ernst Kaufmann, Lahr
Autoren: Karin Hermanns (S. 6–21, 36/37, 40/41, 46/47)
Axel ter Haseborg (S. 22–35, 38/39, 42/43, 45)
Fotos: Karin Hermanns
Coverabbildung: © dannywilde, Fotolia.com
Druck und Bindung: Leo Paper
ISBN 978-3-7806-3084-1

Inhalt

Abschied nehmen und Verlorenes anders wiederfinden

Vorwort

Im Leben von Menschen gibt es Schicksalsschläge, mit denen zurecht-zukommen besonders schwerfällt und die rat- und sprachlos machen. Hierzu gehört sicher auch, wenn man als Betroffener oder Angehöriger mit der Erkrankung Demenz konfrontiert wird.

Das Risiko, an einer Demenz zu erkranken, hat in den letzten Jahrzehnten nicht zuletzt wegen der deutlich verlängerten Lebensspanne erheblich zugenommen und Prognosen gehen von einer Verdoppelung der Zahl demenzgestörter Menschen in Deutschland in den nächsten 20 bis 30 Jahren auf mehr als zwei Millionen Betroffene aus.

Beten kann bei Schicksalsschlägen und großen Belastungen zu einer Hilfe werden, denn es gibt jenseits praktischer Problemlösungen unseren Emotionen und Empfindungen Raum. Gerade auf der Gefühlsebene können sich Erkrankte und Begleitende begegnen und gemeinsam Halt und Geborgenheit finden. Beten kann befreien, Schutz bieten und neuen Lebensmut hervorbringen.

Es sind ehrliche und von eigenen Erfahrungen geprägte Gebete, in denen Angst, Scham und Verlust, aber auch Unmut thematisiert und ernst genommen werden. In den Gebeten können diese Gedanken und Gefühle ein Gegenüber, einen Platz finden, nämlich bei Gott, der unser Leben tragen und auch im Letzten aufheben kann.

Nicht zuletzt fordern die Gebete jeden von uns heraus, eine Antwort für die Situationen im Leben zu finden, in denen Stärke und Selbstbestimmtheit verloren gehen und wir an Grenzen stoßen, die uns Schwäche und Endlichkeit deutlich machen.

Karin Hermanns

Du bleibst in mir

Gott,

es steht fest, ich habe Alzheimer.
Die Diagnose trifft mich wie ein Blitz
und der Boden unter meinen Füßen scheint nachzugeben,
meine nach Halt suchenden Hände greifen ins Leere,
Sicherheit und Leichtigkeit
sind plötzlich Fremdworte für mich.
Verzweiflung und Angst steigen in mir hoch
und lähmen meinen Lebenswillen.
Warum gerade ich?
Meine Gedanken finden keinen Ausweg:
Ich werde mich verlieren, Zug um Zug,
ohne dass es jemand aufhalten könnte.
Meine Welt wird untergehen,
ich werde untergehen,
sterben, bevor ich tot bin.

Gott,

alles wehrt sich in mir,
ich möchte dagegen anschreien,
meiner Wut Ausdruck verleihen.
Aber wer hört mich,
wer sieht meinen Schmerz?
Nur Hilflosigkeit und Ohnmacht bleiben.

Gott,

hörst Du mich?
Siehst Du in mein verzweifeltes Herz
und gibst ihm Trost?
Bewahrst Du mein Ich?
Bleibt etwas übrig von mir,
das Du würdigst und behütest?
Du bist das Leben,
auch das Leben in mir.
Bleib in mir
Du unsterblicher Gott.

Du bist mein Regenschirm

Gott,

meine Gedanken fliehen vor mir
und meine Erinnerungen
sind kein sicheres Zuhause mehr.
Die Angst, zu vergessen,
sitzt mir im Nacken:
den Termin, den Namen,
meine Straße und meine Geschichte.
Panik und Unruhe sind meine ständigen Begleiter.
Was wird werden aus mir
und denen, die ich liebe?
Ich stehe schutzlos im Regen,
ohne Hoffnung auf Wetterbesserung.

Gott,

Du nimmst mich unter Deinen Schirm
und legst Deine Hand um meine Schulter.
An Dir darf ich klammern
und Du gibst meiner Hand Halt in Deiner.
Du kommst mir nahe
und Deine Wärme beruhigt mich.
Du bist meine Geborgenheit
jetzt und für immer,
damit ich das Lachen nicht verlerne
und mich trotz allem freue wie ein Kind.

Du behütest mich wie einen Augapfel

Gott,

ich mache Fehler,
ich verlege Dinge, vergesse Termine,
finde nicht die richtigen Worte
oder bin an Orten,
zu denen ich nicht wollte.

Gott,

wenn ich mein Versagen bemerke,
erfüllt mich tiefe Scham.
Ich versuche, meine Unfähigkeiten zu verheimlichen,
aber es gelingt mir immer weniger;
wertlos und wund fühle ich mich,
verunsichert und nackt vor meinen Mitmenschen.

Gott,

werte Du mich,
lass mich Dir kostbar sein
wie ein Augapfel,
schau nach mir
und antworte meinem verunsicherten Blick.
Du hast mich geschaffen
und in Deiner Liebe bin ich vollkommen.

Du schenkst meiner Seele Freude

Gott,

mein Leben verändert sich
so, wie ich es nicht möchte,
und manchmal sehe ich nur das,
was ich verliere,
und nicht, was mir geblieben ist.

Gott,

hilf mir, das Gute
in meinem Leben wahrzunehmen und
das Glück im Augenblick zu schätzen:
die Schokolade in meinem Mund,
die Musik, die meine Seele berührt,
die Schönheit der Natur
auf meinen Spaziergängen,
die Zuwendung und Zärtlichkeit von Menschen,
die mir vertraut sind,
das Lachen und Weinen mit ihnen
und das Teilen von Liebe.

Gott,

ich danke Dir für alles,
was mich froh und mutig macht,
auch für das, was ich noch geben kann:
meinen Humor,
meinen Dank
und meine Fähigkeit,
im Hier und Jetzt zu sein.
Gott, Du wohnst in jedem guten Augenblick,
den ich erlebe.

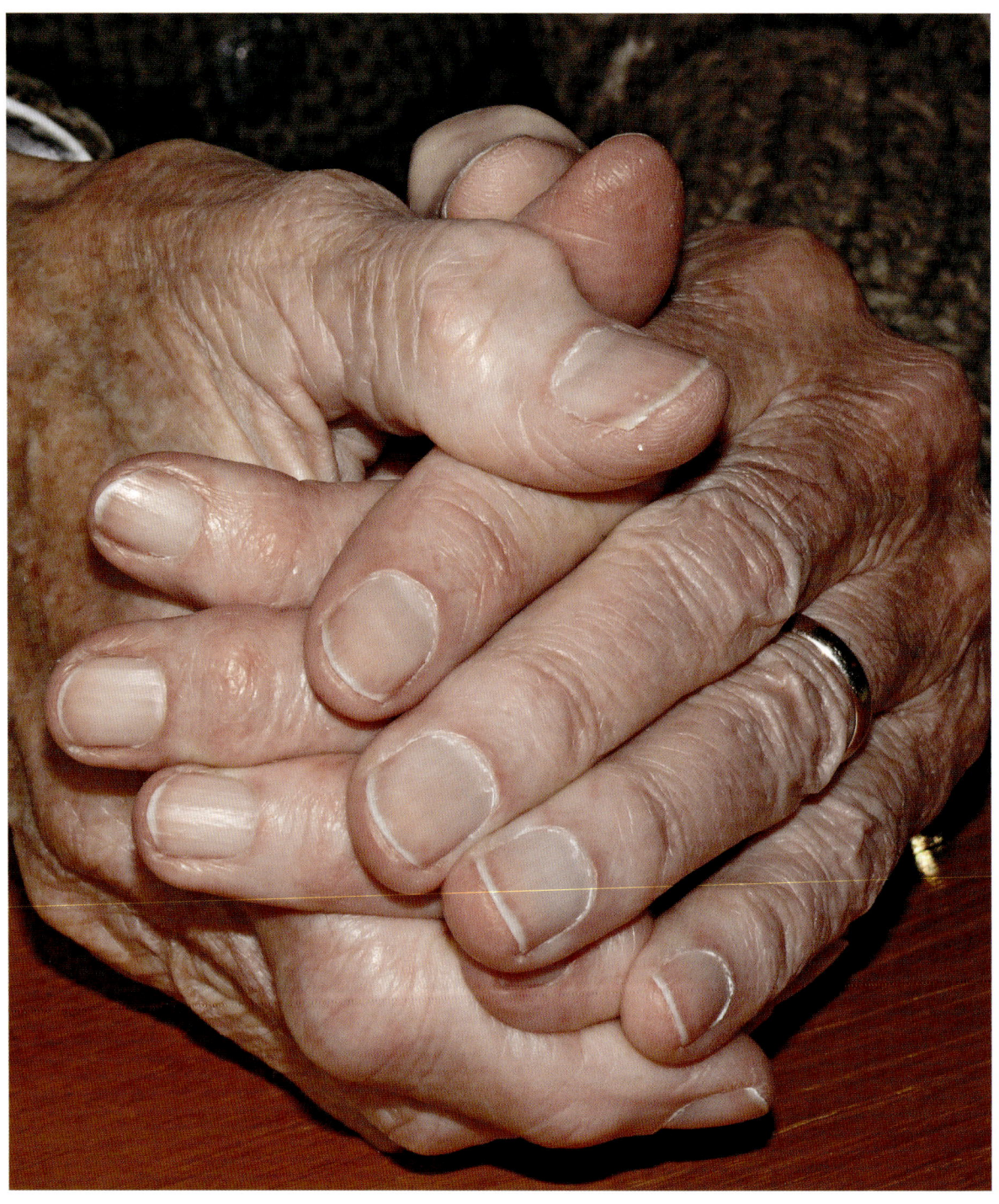

Du bist mein Zuhause

Gott,

andere ziehen sich von mir zurück,
sie verstehen nicht, was mit mir geschieht,
können mit meiner Veränderung nicht umgehen
und ich kann ihnen nicht helfen.
Meine Welt verliert ihre Ordnung
und ich bin mir oft selbst fremd.
Ich funktioniere nicht mehr
und kann Erwartungen nicht erfüllen.
Still ist es um mich geworden
und die Einsamkeit verletzt mich.
Ich sehne mich nach Gemeinschaft,
Wertschätzung und Liebe.
Wo bin ich geborgen?

Gott,

sei mein Zuhause,
auch dann, wenn ich es nicht mehr finden kann.
Lass mir Menschen, die mich ertragen,
denen ich nicht zu viel werde,
heute, morgen und bis zum Schluss.

Du bist mein Trost

Gott,

ich bin traurig
und meine Tränen
bringen keine Erleichterung;
die Krankheit ist wie ein schwarzer Schlund,
der mich verschlingen will.

Leer ist mein Gefühl,
düster meine Gedanken;
ich brauche Trost
und weiß doch nicht,
was mich trösten könnte.

Gott,

schaff mir Erleichterung in meiner Seele,
gib Licht in meinen Geist,
berühre mich mit Strahlen Deiner Hoffnung
und hülle mich ein in Deinen Frieden.

Gott, Du bist mein Gott

Gott,

dauernd misslingt mir etwas,
das macht mich wütend und mutlos;
ich strenge mich an,
aber es nützt nichts.
Andere korrigieren mich,
nehmen mir die Dinge aus der Hand,
die ich festhalten will.
Ich, wer ist das noch?
Ich fühle mich wie ein durchlöcherter Eimer,
nutzlos, überflüssig und dem Verfall preisgegeben.

Gott,

woher soll ich Hoffnung nehmen,
was hilft gegen meine Verzweiflung?
Dunkler und dunkler wird mein Geist,
alle meine inneren Türen führen ins Nichts
und doch muss ich sie durchschreiten.
Ich will nicht mehr,
ich kann nicht mehr,
lass mich sterben, Gott.

Gott,

bist Du die letzte Tür,
hinter der Antwort ist?
Bist Du das Licht,
das meinen Geist wieder erhellt?
Bist Du der Atem,
der mich neu belebend anhaucht?
Gott, Du bist Gott, mein Gott!
Sei Du Vertrauen in mir,
damit ich mich loslassen kann.

Gott, Du bist das Ende und der Anfang

Gott,

beten fällt mir schwer,
ich kann mich schlecht konzentrieren.
Ich will die Fäden ordnen und zusammenfügen,
aber sie verheddern sich
und rutschen aus meinen Händen.
Ich suche Dich
in meinen Gedanken
und meinen Gefühlen.
Ich weiß,
dass ich Dich brauche,
und bettle um Hilfe.

Gott,

erreiche mich in meinen Gefühlen,
bleib in mir, rufe mich,
dass ich Dich höre,
berühre mich,
dass ich Dich spüre.

Sei mein letzter roter Faden,
der mir nicht verloren geht.
Lass Deinen Geist in mir beten,
wenn ich nicht mehr beten kann.
Führe und leite mich,
damit ich es denen nicht schwer mache,
die mich pflegen.

Lass Deine Liebe durchscheinen
durch meine löchrige Hülle.
Gott, Du bist der Anfang und das Ende
und das Ende und der Anfang,
in Deine Hände befehle ich meinen Geist.

Lass es nicht wahr sein

Wie ein Donnerschlag
dröhnt das Wort „Alzheimer"
in meinem Kopf.
Ich kann es nicht glauben,
dass mein Partner daran erkrankt sein soll.

Gott,

diese Diagnose kann doch nicht das letzte Wort sein.
Vielleicht irren sich die Ärzte
und es ist nur eine vorübergehende Trübung der Sinne?
Auf Dich will ich mich ausrichten,
komm mir nahe, dass ich Ruhe finde
und meine Gedanken sich ordnen.

Gott,

Dir gehört die Welt
und alles, was in ihr lebt,
dann kann doch auch diese Krankheit
kein Problem für Dich sein.
Wer auf Dich vertraut,
wird nicht zuschanden werden!
Das ist das Wort,
auf das ich bauen will.

Ich will Dir vertrauen
und nicht den Ärzten,
die mir vermitteln,
dass die Diagnose endgültig sei.
Wir werden Wege und Lösungen finden,
die Krankheit zu überwinden.

Gott,

ich spüre, dass ich mich hinwegtrösten will
und die Realität nicht wahrhaben möchte.
Ich will, dass alles wieder so wird wie vorher,
und deshalb bettle ich wie ein Kind,
lass es nicht wahr sein.

Gott,

Du Ort meiner Hoffnung,
erhöre mein Gebet
und heile meinen Partner.
Tritt aus dem Verborgenen
und greif machtvoll ein,
damit unser Weg nicht dunkel wird.

Ich verliere Dich

Gott,

unser gemeinsames Leben zerbröselt,
gedachte und gewünschte Zukunft
verliert sich in wachsender Hilflosigkeit,
wir finden uns nicht mehr
im Gewirr unserer Gefühle.
Was uns gemeinsam vertraut war,
wird fremd und unbehaust,
und unsere Vertrautheit
wird mehr und mehr zur hilflosen Suche
nach gemeinsamen Erinnerungspunkten,
an denen wir uns wie Ertrinkende
festzuhalten versuchen.

Gott,

wo bleibt die gemeinsam gewonnene
und erreichte Lebensfülle,
wenn sie nicht einmal mehr
als Erinnerung abrufbar bleibt
und geteilt werden kann?

Gott,

nicht nur meinen eigenen Weg
muss ich finden und gehen,
sondern auch den meines Partners.
Von Tag zu Tag
bin ich mehr verantwortlich für ihn,
muss alle Entscheidungen allein treffen.
Wir gehen nicht mehr gemeinsam,
sondern ich muss ihn wie ein Kind
auf den Arm nehmen und tragen.

Was bleibt mir?
Nur die Dankbarkeit für alles,
was wir gehabt haben.
Das ist mein Schatz!

Gott,

ich brauche Dich,
um meine Orientierung zu behalten.
Bleib Du mir gewiss auf unserem Weg,
der mir so unvorstellbar scheint.

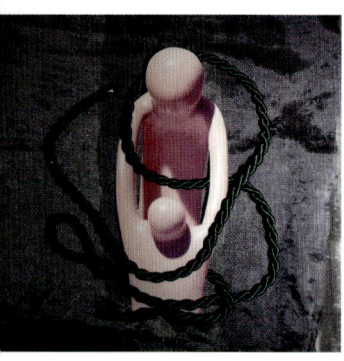

Erlöse uns, Gott

Mit Paulus rufe ich:
„Ich elender Mensch!
Wer wird mich erlösen
von diesem totverfallenen Leibe?"

Gott,

das rufe ich für den,
den Du mir anvertraut hast,
und das rufe ich für mich,
der ich mich selbst gefangen weiß
in meinen Befürchtungen und Ängsten,
in der Not, nichts Befreiendes tun zu können.
Selbst in meiner Verantwortung
fühle ich mich gefangen.
Ich kann mich nicht daraus lösen,
denn ich teile mein Leben mit einem Menschen,
der mir fremd geworden ist.
Ich bin Gefangener meiner Hilflosigkeit
und der mir Anvertraute ist Gefangener
seines Vergessens und Vergehens.
Lässt sich das aufwiegen, Gott,
das eine gegen das andere?

Wer ist hier schlechter dran?
Muss ich das entscheiden?

Hört nicht im Angesicht von Leid und Tod
endlich Falsch und Richtig auf?
Ich bin mir meines Gefangenseins bewusst,
der andere spürt das seinige wohl,
muss aber nicht darüber nachdenken.
Zumindest ein Anflug von Freiheit.

Gott,

es gibt kein Besser oder Schlechter.
Was mich tröstet, ist,
dass wir unsere Gebundenheit und Sehnsucht
nach Loslösung und Erlösung teilen.
Was uns gefangen nimmt,
verbindet uns auch wieder miteinander.

Gott,

der Du die Gefangenen
als Deine Schwestern und Brüder wertachtest,
komm und löse die Stricke
unserer Verstrickungen.

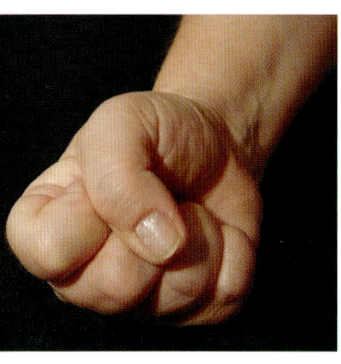

Ich bin wütend

Gott,

ich bin wütend,
wütend auf die Krankheit,
die mir meinen Partner stiehlt,
auf die Ärzte,
die nichts dagegen zu tun wissen,
und auf Dich, Gott,
der Du uns diesen schweren Weg zumutest.

Warum?
Warum geschieht das gerade uns?
Womit haben wir das verdient?
Immer haben wir auf Dich vertraut
und es gibt nichts,
was wir uns vorwerfen müssten.

Gott,

das ist nicht fair von Dir.
Ich begreife Deinen Willen nicht mehr,
der doch immer das Gute für uns will.
Was ist gut daran,
wenn mein liebster Mensch sich verliert
und ich immer einsamer neben ihm werde,
bis er ganz von mir geht?

Gott,

was erwartest Du von mir?
Wo soll ich den Mut hernehmen,
diese Last zu tragen?
Wo bist Du in allem?
Wo ist Deine Rettung?
Gib meinem Herzen Antwort.

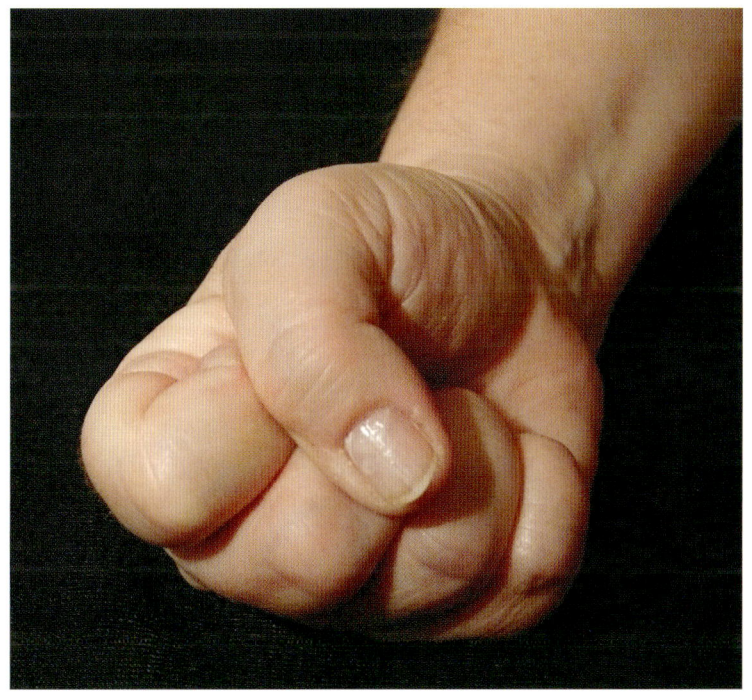

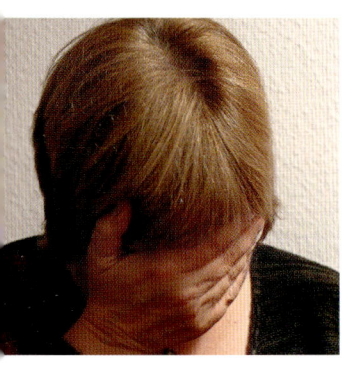

Gewissensfrage

Gott,

ich bin zerrissen in mir.
Genüge ich meinen Ansprüchen,
denen meiner Umwelt und denen,
die mir aufgetragen sind
durch die Begleitung dieses Menschen,
den ich liebe?

Alle sagen, mehr als ich tue,
kann ich nicht tun.
Das sei genug.
Ist das wirklich so?
Ich sehe, dass ich dem anderen Zuwendung,
Zeit und Liebe schuldig bleibe.
Die Liebe erfordert so viel Selbstlosigkeit,
aber ich bin nicht immer selbstlos.
Ich bin gefangen in meinen Gefühlen
und handle oft nur noch aus Pflichtgefühl.

Manchmal wünsche ich,
dass das Leben endlich aufhört.
Ist das denn überhaupt noch Leben?
Und wäre der Tod nicht die eigentliche Erlösung
für uns beide?
Zu lieben ohne Resonanz,
ist für mich schwer zu ertragen,
und ich fühle mich überfordert.

Viele haben einen guten Rat,
aber manchmal ist es eher ein Rat-Schlag,
der mehr schmerzt als hilft.

Guter Gott, ich will mehr Geduld haben,
aber ich kann es nicht ertragen,
dass der andere meine Liebe und Zuwendung ausschlägt.
Ja, manchmal schlägt er mich sogar,
weil ich ihm nahekomme
oder weil ich nicht verstehen kann,
was er eigentlich will.
Ich will die Schläge ertragen,
aber sie verletzen mich, machen mich traurig
und auch wütend.
Sogar zurückgeschlagen habe ich schon,
und darüber kann ich keine Ruhe finden.

Gott,

der Du mich von Anfang an kennst,
sieh meine Hilflosigkeit
und vergib mir, wo ich nicht so handeln kann,
wie ich es selbst von mir erwarte.
Sei mir gnädig, wo ich mir gegenüber gnadenlos bin.
Gib mir Gelassenheit und Frieden bei allem Versagen,
damit ich das Wagnis des Liebens neu eingehen kann.

Ich kann nicht mehr

Gott,

ich kann nicht mehr!
Es geht nicht mehr!
Keine Kraft, keine Hoffnung, kein Horizont,
nur Hilflosigkeit, Schweigen und Ohnmacht.
Es geht nicht mehr!
Wie soll ich das nur noch zu einem guten Ende bringen?

Ich raffe mich auf,
bin freundlich zugewandt,
suche nach Möglichkeiten der Begegnung,
aber es kommt nichts an.
Worte verfehlen den anderen,
selbst Gestik wird zur Einbahnstraße.

Es geht nicht mehr,
nicht mit dem, was ich noch zur Hand habe.
Ja, vielleicht sind es die Hände,
die noch einen Weg zum anderen finden,
in der Hilfeleistung, beim Trinken,
bei der Körperreinigung und beim Streicheln.

Die schweren Arbeiten schaffe ich nicht mehr.
Alle sagen, ich soll ihn in ein Heim geben.
Aber auch das gelingt mir nicht,
sollte ich sagen „noch" nicht?

Gibt es denn keinen Weg dazwischen,
da sein zu können
und doch andere die Arbeiten machen zu lassen,
die über meine Kräfte gehen?
Grenzen, eigene Grenzen,
wer sagt sie einem?
Wer kann das wirklich
und wem gebe ich das Recht dazu?
Es gibt so viele kluge Sprüche,
aber was die Wirklichkeit fordert,
ist dann doch etwas ganz anderes.
Vom grünen Tisch habe ich auch anders gesprochen,
als ich es jetzt tue.
Ich habe meinem Mann versprochen,
ihm in guten wie in schlechten Tagen
treu zu sein,
aber ich kann mein Wort nicht halten.
Ist es Untreue,
wenn ich ihn jetzt in ein Heim gebe?

Gott,

ich kann nicht mehr!
Hilf mir, die innere Balance zu halten
zwischen dem, was ich geben kann,
und dem, was ich nehmen muss,
damit ich selbst überlebe.

Einbahnstraße

Gott,

immer nur der andere:
für ihn denken,
für ihn sorgen,
für ihn reden,
für ihn verantworten.
Immer die eine Richtung,
immer nur Einbahnstraße.

Ich brauche auch etwas,
ich sehne mich nach Austausch
und wünsche mir Begegnung,
aber immer wenn ich ihn anschaue,
gehen seine Augen ins Leere.
Ich vermisse ihn so
und er weiß nicht einmal,
dass es mich gibt.

Bilder tauchen auf;
sie schmerzen,
denn sie zeigen,
was wir einmal hatten.

Die Jahre vertrauter Zweisamkeit
sind verblassende Erinnerung
und können nicht wiederbelebt werden.
Ich sehne mich zurück
und weiß doch,
dass es nicht hilft.

Ich gehe meine Straße,
immer in die eine Richtung,
aber Du, Gott, gehst mit,
denn es ist Dein Weg.

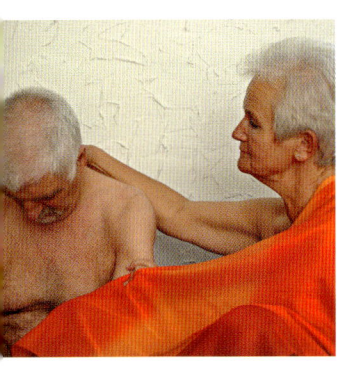

Wenn mein Körper sich nach dir sehnt

Gott,

ich habe versucht,
mich ihm zärtlich zu nähern,
so wie früher,
aber er hat mich nicht erkannt.
Er verstand meine Liebkosungen als Zudringlichkeit,
wurde böse und hat mich weggestoßen.

Gott,

ich fühle mich so verletzt;
diese Fremdheit zwischen uns
trifft mich wie eine Peitsche.
Einsamkeit und Hilflosigkeit
machen sich in mir breit.
Wie soll ich mit ihm umgehen?
Wo bleibe ich mit meinen Bedürfnissen?

Gott,

ich sehne mich nach seiner nackten Haut,
seiner Wärme, seinem Geruch,
nach seiner Art,
mich zu berühren
und meiner Lust zu antworten.
Ich brauche seine körperliche Nähe,
die vertrauten Zärtlichkeiten,
die nur uns gehören
und unsere Liebe immer gefestigt haben.

Gott,

das Band unserer Liebe wird brüchig
und ich bleibe allein
mit dem Bedürfnis nach körperlicher Geborgenheit
und Befriedigung meiner Lust.
Lass mich andere sinnliche Wege entdecken,
durch die ich ihn in der Tiefe erreichen kann
und unsere Vertrautheit lebendig bleibt.
Halte Du uns, Gott, durch Deine Liebe zusammen.

Trotzdem danke

Gott,

ich danke Dir für die Zeit,
die wir gemeinsam hatten,
und dass wir in unserem gemeinsamen Leben
Ziele in den Blick nehmen und auch erreichen konnten.
Danke für die vielen gegebenen Möglichkeiten,
durch die wir die Vielfalt des Lebens erfahren
und schwierige Abschnitte gemeinsam gemeistert haben.

Danke für die Begegnungen und Berührungen,
die auch jetzt noch möglich sind
in den alltäglichen Gewohnheiten
und gemeinsamen Ritualen,
reduziert zwar und unvollkommen,
aber doch wahrnehmbar und wärmend.
Sie verbinden uns
und halten uns in schwierigen Situationen beieinander.

Danke, dass es Momente gibt,
in denen wir uns noch erkennen
und der andere in seinem zaghaften Lächeln
und seinem Greifen nach mir zeigt,
dass er bei mir ist.

Auch wenn unser Leben sich reduziert hat
auf die alltäglichen Abläufe,
die dem Tag einen Rhythmus verleihen,
so teilen wir dennoch Zeit,
in der auch das ein oder andere
aus unseren schönen Tagen aufleuchtet.
Danke für die Möglichkeiten,
die uns noch geblieben sind,
und für die gemeinsamen Zeiten,
in denen es uns noch gelingt,
das Leben zu feiern.

Danke für das Spüren des anderen,
auch wenn die Resonanz weniger geworden ist.
Danke, dass ich im Kleinen
noch Deine Möglichkeiten entdecken kann
und Du mir den Blick schenkst
für die Ruhepunkte am Wegesrand.
Danke für Deinen Trost,
der mir begegnet
im Blick auf Deine Hilflosigkeit am Kreuz.
Dein Geist gibt mir Ruhe und Gelassenheit,
wenn in mir die Unruhe Raum nehmen will.
Danke, dass Du in und bei uns bleibst,
auch wenn wir lebend sterben.

Wenn du gehst

Gott,

ich bin aufgewühlt,
Traurigkeit und Schmerz erfassen mich.
Sterben ist grausam.
Zusehen zu müssen,
wie der Mensch, den ich liebe,
sich quält,
erschüttert mich.

Wie klein sind wir, Gott,
im Angesicht des Todes,
seine Nähe und das Gefühl von Endgültigkeit
lassen mich frieren.

Am liebsten möchte ich die Flucht ergreifen,
aber ich harre ohnmächtig aus,
halte die Hände, die mir so vertraut sind,
streichle das verzerrte Gesicht,
das mit dem Tode ringt,
tröste trotz Trostlosigkeit,
mache Mut, wo es keinen mehr gibt,
tue etwas gegen die Schmerzen,
die trotzdem triumphieren.
Ich versuche zu singen,
zu beten, zu beruhigen,
bis mir die Worte im Hals stecken bleiben
und die Tränen alles wegspülen.

Gott,

mein Herz füllt sich mit Leere,
ich falle,
ohne Hoffnung auf Grund.
Unwirklich wird die Welt,
seltsam fremd,
die Zeit verliert ihre Bedeutung.

Ich sage mir, lass ihn los,
aber ich kann nicht,
ich will nicht,
und es geschieht doch,
ohne mein Zutun.

Gott,

fang mich auf,
halt mich fest
und den, der von mir geht.
Tritt in die Leere
mit Deinem Frieden
und sprich Dein

„Fürchte dich nicht!"

Frieden finden

Gott,

es gehen die letzten Stunden und Minuten dahin.
Unwiederbringlich geht zu Ende,
was wir gemeinsam gelebt haben.
Nicht nur, dass nun persönliches Leben aufhört,
mit dem Tod des anderen stirbt auch
meine gemeinsame Zukunft mit ihm.
Mit ihm gehen Träume und Hoffnungen,
die wir geteilt haben
und die uns im gemeinsamen Leben geholfen haben,
Wege zu finden.
Die Erinnerungen daran werden verblassen.
Liebender Gott,
lass die Dankbarkeit das ein oder andere davon
in meinem Leben erhalten.
Mit ihm stirbt ein Teil von mir,
das wird meine Trauer um mich selbst sein,
die sein darf,
denn ich darf wieder mehr bei mir sein.
Wir sind einander Gutes im Leben schuldig geblieben,
auch wenn wir es nicht wollten.

Gott,

das ist das, was uns als Menschen kennzeichnet
und uns deshalb an Dich klammern lässt,
der Du Schuld vergibst.

In dieser Gewissheit sind wir
auch einander nahegeblieben,
und so bitte ich an dieser Stelle:
Füll Du mit Deinem Segen auf,
wo ich beim anderen gefehlt, ihn verletzt
und vergessen habe.
Ich gebe Dir meinen Nächsten zurück
und will nicht nachtragen,
was uns im Leben getrennt hat.
Ich will als Versöhnter
in die Zukunft gehen können.
Ich bitte Dich, sei ihm das Zuhause,
das er sich gewünscht hat,
sei ihm die Heimat,
die er hier verloren hat,
wo seine Vergangenheit und Zukunft
Herberge finden können.

Du ewiger Gott,
es ist doch Ewigkeit,
wenn Vergangenheit, Zukunft und Gegenwart
wieder eins werden dürfen.
Ich lasse nun los,
was ich nicht mehr halten kann
und auch nicht mehr halten muss.
Danke für diesen Menschen, der mein Leben begleitet, getragen
und reich gemacht hat.

Gott segne dein Sterben

Der Herr sei dir Hirte,
es mangele dir nicht am Heil deines Lebens
durch den Tod hindurch.
Er weide deine Seele
und erquicke deinen Leib im Sterben.
Er führe dich
auf dem Weg durch das Tal des Sterbens
zum Leben hindurch.
Der stützende Stab der Gegenwart Gottes
sei dir Trost und Hoffnung
in der Auferstehung.
Im Angesicht des Todes
bereite Er dir den Tisch des Heils.
Zuversicht sei das gemeinsame Öl
auf unseren Häuptern,
damit wir aufblicken können zu dem,
der Schöpfer und Vollender allen Lebens ist.
Das Gute und geschenkte Barmherzigkeit
in deinem Leben
werden dir folgen
und du wirst endlich zu Hause sein
bei Gott.

In meiner Liebe bleibst du

Gott,

meine Liebste ist gegangen
und unser langer Abschied hat ein Ende.
Erlöst – sagen meine Freunde,
Erlösung für beide,
aber mein Herz wehrt sich dagegen.

Gott,

sie war und ist ein Teil von mir,
gestern, heute und auch morgen.
Ich werde ihr einen Platz geben
in meiner Liebe.
Einer Liebe,
die sie heil und gesund sehen kann,
die alles verzeiht und versteht,
die auf alles verzichtet,
weil sie rein und klar ist
und nichts mehr fordert,
sondern sie ganz sie selbst sein lässt.

Gott,

ich werde einen neuen Weg zu ihr finden,
im Schatz meiner Erinnerungen,
in den Bildern meiner Seele,
in den Gefühlen meiner Trauer,
die ich ihr widme,
und in meinem Schmerz,
der nur ihr gilt.

Ich werde an Orte gehen,
wo wir gemeinsam waren,
und ich werde sie dort spüren.
Ich werde mit ihr lachen und weinen,
sie um Rat fragen und mit ihr streiten,
und ihr Gesicht und ihre Stimme
in meinem Innern werden mir antworten.
Sie wird mir ein Gegenüber bleiben
und mir nahekommen
in der Tiefe meines Herzens,
wo ihr Platz sein wird für immer.

Die Autoren

Karin Hermanns

Sozialpädagogin, theologische Zusatzausbildung, berufliche Tätigkeiten in den Bereichen stationäre Psychiatrie, Heimerziehung, Ausländer- und Flüchtlingsarbeit, Erwachsenenbildung sowie im Bereich Betreuung von Demenzerkrankten. Sie entwickelt als selbstständige Autorin erfolgreich Spiele für Menschen mit Demenz und führt damit Spielstunden in stationären Pflegeeinrichtungen durch. Darüber hinaus leitet sie eine Initiative, die Menschen mit Migrationshintergrund an die Betreuung von Demenzerkrankten heranführt. Ihre Arbeit begleitet die Hobbyfotografin oftmals mit ihrer Kamera und setzt die Bilder in vielfacher Weise in ihren unterschiedlichen Arbeitsfeldern ein.

Karin Hermanns hat über zwölf Jahre ihre an Demenz erkrankte Mutter gepflegt und begleitet und ist von daher – auch durch viele Begegnungen mit Angehörigen von Menschen, die an Demenz erkrankt sind – zu Hause in den Gefühlen, Stimmungslagen und Gedanken der Betroffenen.

Axel ter Haseborg

Theologe, Pastor, Gesprächstherapeut, Supervisor und Trauerbegleiter. Studium der Theologie in Hamburg, Heidelberg und Tübingen, gesprächstherapeutische Ausbildung bei der Deutschen Arbeitsgemeinschaft für Jugend-, Ehe- und Familienberatung.

Neben seiner Arbeit als Gemeindepastor betreut er seelsorgerisch eine Seniorenwohnanlage und widmet sich dort besonders der Begleitung von an Demenz erkrankten Menschen und ihren Angehörigen. Im Rahmen dieser Tätigkeit schult und supervidiert er auch die in diesem Bereich tätigen Mitarbeiter.

Er hat vielen Demenzerkrankten in der Sterbephase zur Seite gestanden und in seinen zahlreichen Trauergruppen Angehörigen geholfen, ihrer Trauer auch im Gebet Ausdruck zu geben und sie dadurch zu bewältigen.